느낌표와 쉼표 사이

| 시인의 말 |

선인장 가시가 예쁘게 보이다니
심장에 굳은살이 박였나 보다
아픔이 오래되면
그것마저 아름다워 보일 때
짧고 서툰 봄날이 지나고
삶은 조용히 안쪽으로 굽어졌다
멈춤이 때로는 무너짐이
말보다 더 많은 말을 전해온다
느낌표와 쉼표 사이에서 오래 머물렀다
멈추고 싶은 순간엔 이유가 있어
말 대신 시가 필요했다
끝까지 말이 되지 못해
나에게조차 쉽게 꺼내지 못한
감정의 침전물이었다
흘려보낸 문장이
누군가의 내면에 조용히 내려앉기를
대답과 질문 사이에 묵묵히 서 있는 나
바람 끝에도 주소가 있을까
너와 나만 아는 암호 주소

2025년 8월
김선덕

| 차례 |

시인의 말 _ 3

1 다시 느낌표

선거유세장	10
화살나무	11
횡단보도	12
다 처음이야	13
장독대	14
뒤통수	16
원숭이 닮은 사람들	18
한밤의 희망	19
씀바귀	20
발자국	21
분꽃	22
부용화	23
장마에 돌아온 숨	24
감자꽃 피는 날	26
철쭉	27
바람을 견딘 얼굴	28
산타오르골	30
버팀목	31

2 마음의 풍경

억새꽃	34
신호등	36
눈사람	37
저녁노을	38
그리움 저편	39
목련	40
들꽃	41
실타래	42
상사화	43
명자꽃	44
옥잠화	45
벚꽃 아래서	46
그리움이라는 그림자	47
너 없이 봄은 핀다	48
내 안의 낯선 곳	50
바다직박구리	51
엄마 안테나	52
배롱나무	53

3 삶의 무게

우울, 혹은	56
장맛비	57
긍휼의 길	58
걷지 못하는 기억 –치매	59
언어의 무게	60
하지고뿔	61
침묵으로 답하다 –바둑돌	62
어미개 '달이'	64
입퇴원 파도타기	66
링거를 맞으며	68
생존자	69
불의 날개 –헬기조종사	70
바닥은 항상	72
저어새 –작은손, 순옥이	74
화연산장, 도심의 온기를 굽다	76
도미노	77
잉여인간	78
해치	79
산불, 봄꽃	80
잔등	82
끼어들기 금지	84
동양화	85

4 쉼표의 자리

황새냉이꽃	88
바람을 안으며	89
불면	90
빈 유리병	91
산책길에서	92
시룻번	94
기억의 먼지	96
개기월식	97
느낌표와 쉼표 사이	98
나에게	99
기억	100
화이트 아웃	101
멈춘 시계	102
비의 침묵	104
이슬꽃	105
몽당연필	106
벼랑에서	107
바닷가에서	108
솟대	109
스무 살 돌담길	110

| 해설 | 체험적인 삶의 언어 펼치기 | 111 |
이오장 (시인 · 문학평론가)

삶은 다시, 느낌표가 된다

1 다시 느낌표

선거유세장

구더기 떼를 햇빛 아래 떠다 놨다

시멘트 바닥이
부패하길 기원하는 구더기와
쩔뚝쩔뚝 절름발이 인생들

새벽술 싱싱한 피와
떡고물처럼 미세한 먼지가
구더기를 할퀴고 있었다

아직 건강한 번데기
겁도 없이 해를 올려보지만
햇빛이 피를 더욱 붉게 했다

희끄무레한 피부를 또르르 말고
구더기는 죽고
말 앞세운 선동자들이 밟는다

화살나무

쌓아두기만 하다가
문 한 번 잘못 열어 우당탕 탕
한꺼번에 쏟아져 나오는
기억의 창고

벗어나는 게 간단해
더 외로웠고
울타리가 너무 헐거워
아는 게 너무 없었다

황록색 꽃으로 피고
붉은색 열매가 되어
화살 깃 날개로 떠나게 되는 걸
그땐 알지 못했다

화살이 되지 못해
화살나무가 된 활촉 없는 나무
과녁을 향한 가늠자 없어
쏟아낸 기억 겨누지 못한다

횡단보도

삶의 근육을 키워야 한다고
숨차게 뛰었지
아픔의 건반 위를

시간은 정해졌지
한순간을 놓치면 쫓겨나고
신호음이 들리지

딛는 건반이 내는 소리
내 안에서 울려도
걸음을 재촉하는 리듬일 뿐

맞춰진 거리마다
셈이 끝난 숫자
산다는 건 횡단보도 걷기

다 처음이야

흔적에 가려져
흉터인지 몰랐던 얼룩도
그리움 하나 이기지 못해
살아도 살아있지 못했다

산다는 건
다 변덕스러운 날씨와 같아
뜬금없이 우울하다가
어느 날은 한없이 맑지

살 떨림에 보상되지 않는
기쁨과 욕심
빨래통에 담가 모두 씻어내고
바짝 말려 털어버리면
뽀송해진 내일이 기다릴 거야

언제 어디서 생긴 얼룩인지는
정말 몰라도 돼

산다는 건 다 처음이지

장독대

마당 한편
비바람 맞고도 묵묵했던 장독대
계절보다 무거운 것이 담겨 있었다

소금의 아린 세월
눌린 된장의 새김으로
고추장처럼 붉게 타던 속앓이
어머니는 늘 그 안에
깊은 속을 묻어 두셨다

어머니 손등에는
장독대가 자리 잡았었다
금 간 항아리처럼
갈라진 주름마다
삶의 소금기가 배어 있었다

자식들 입에 짠맛이 들까
된장보다 더 오래 익혀
가슴에 눌러두신 말들
한 번도 엎지르지 않고
늘 웃음으로 덮으셨다

겨울 새벽 장독을 열던
숨죽여 썩은 것 골라내던 그 손
먹을 것보다
살아갈 맛을 지키는 손이었다

이제는 장독대 앞에서
당신을 부르면 된장 냄새로
울컥 목구멍이 먼저 차오른다

나는 이제야
그 주름의 깊이를 읽는다
비로소 어머니라는
오래된 장독 하나 여는 중이다

뒤통수

앞보다 뒤가 무섭지
뺏겨야만 달릴 수 있는 게 아니었다
마음이 무너지는 순간마다
당구공처럼 딱딱한 몸 안의 덩어리가
핏발 선 채로 울컥거린다

양심을 버린 멀어버린 눈
순진함을 이용하는 사람들
헌신의 물거품으로 포장한다

한껏 화려하게 치장하고
뒤로 숨긴 잔머리에 사리사욕들
이제야 깨닫게 되는 무지함이
단풍을 날린다

절이 싫으면 중이 떠나야 하고
배고픈 자가 솥을 씻어야지
헛웃음만 허~ 허~

산다는 건 늘
뒤통수를 맞는 거라고

바스락거리는 낙엽이
말해주는 깊은 가을날

떨어지는 상수리 맞은 이마보다
낙엽 맞은 뒤통수가 더 아프다는 것을
가을 길 걸으며 알았다
인생이란 참 어처구니없다

원숭이 닮은 사람들

바다거북 코에
플라스틱 빨대가 꽂히고
바다가 죽어 모래밭에 묻혔다

노동자 등에 빨대 꽂은 기업들이
거대한 함선으로 태평양에 둥둥
사회가 죽어 바위 밑에 묻혔다

원숭이 뇌에 빨대 꽂아 빨아먹던 사람들
신종 바이러스에 사라지고
숲이 죽어 나무 아래 묻혔다

빠질 때도
없앨 때도 되었건만
소독할 수 없는 세상 연기가 자욱하다

대기층은 구멍이 뚫려
별들이 빠지고
은하수가 허물어졌다

사라지는 섬 사이로
행방이 묘연한 문명의 이기
원숭이 닮은 사람들 눈물 뚝뚝 흘린다

한밤의 희망

밤은
빛이 스스로 거두는 시간
만물의 실루엣이
가장 진실한 무늬를 드러낸다

말이 멎은 곳에서
고요는 시작된다
금 간 항아리 안
두꺼비 한 마리
움직임 없이 물결처럼 채워진다

어둠은 정지된 것이 아니라
내면을 맴도는 회복의 물살

기억은 가라앉고
무게는 숨을 골라 쌓이며
희망은 그 밑바닥에서
조용히 뼈를 세운다

말 없는 발꿈치가
디딤돌을 놓는다
다시,
다시,
천천히

씀바귀

입안에 고이는 것이 단맛뿐일까
턱밑까지 고인 가시밭 중턱
지난날의 표식을
잡초 솎아내듯 뽑아낸다

삶은 놀라울 것도
사치스러운 달콤함도
허물어진 골짜기
벼랑을 지나가는 아슬아슬한 여정

바람처럼 살아내는 것이라고
눈웃음치는 봄 햇살에
씀바귀 뿌리를 씹어본다

폭풍우 속 항해처럼
위태위태해 보이는 사람들 사이로
빗속에서 춤춰야 한다는 것을

희망을 내던진
쓰디쓴 봄은 그렇게 오고 가는데
꽃은 저만치 손짓한다

발자국

발자국은 늘 뒤늦게야 보인다
발자국은 마음의 모양을 닮아 있다
발자국은 머문 시간보다 깊게 파인다

발자국은 지우려 할수록 더 뚜렷해지고
발자국은 눈 속에서조차 울음을 남긴다
발자국은 돌아오지 않아도 남는 것들이다

발자국은 함께 걷던 순간을 기억하게 하고
발자국은 남은 자리의 적막이 된다
발자국은 먼저 멀어졌다가
발자국은 말보다 더 많은 이야기를 품는다

발자국은 잊히지 않는다
발자국은 결국 누군가를 그리워한 증거였다

발자국은

분꽃

저마다 걷는
걸음걸이에
드러나는 감정
넘치는 에너지만큼
털어지지 않는 기억
삶을 향한 두근거림은
저녁이면 활짝 핀 분꽃이었다가
아침엔 수줍게 잊혀진다

부용화

물 위에 핀다는 건
바닥을 포기하는 일

건너지 못한 건
언제나 너였다

사랑이라 불린 저녁과
잊히지 않는 새벽을
스스로 걷다 멈췄다

별빛에 스치고
소리 없이
그리움조차 흘려보냈다

남은 건
잊히는 것뿐
지지 않는 부용 하나
부르지도 못한 채 스러진다

장마에 돌아온 숨

마취의 강을 건넌 뒤
빗소리가 먼저 나를 깨웠다
창밖은 오래전부터 울고 있었고
몸은 아직 정신을 따라오지 못했다

세상 언어가 수면 아래
잠겨 있을 때
침묵의 등뼈 위에
뚜렷한 하루를 눕혀 두었다

통증은 새의 날개를 달았다가
등줄기 어디쯤에서
날개를 접어 부리를 끄덕인다

숨이 되돌아올 때
한 송이 물감 먹은 안개 같았다
선명하지 않아 더 깊게 스며드는
살아 있음의 증명

비는 허공의 손으로
안쪽을 쓸어내렸고

무너지지 않기 위해
안에서부터 나를 세웠다

장마는 시작이 아닌 귀환
세상 물줄기들이
잊고 지낸 강줄기를 일깨우듯

오늘 다시 내 이름을 부른다
젖은 공기 속에서
더 이상 외롭지 않게

감자꽃 피는 날

텃밭 가장자리
흙을 가르며 올라온 초록이
하얗게 꽃을 올렸다

흙속에서 몸을 부풀리던
씨감자의 속내가
하늘을 닮기 시작한 날

고라니가 다녀갔다
고춧잎은 씹혀 사라지고
덩굴은 이빨자국 남기고 꺾였다

손끝으로 만져보던 잎맥
마음도 함께 뜯긴 듯
부드럽고 연한 자리를
한입 베어 물고 갔다

망가진 고랑 옆을 서성인다
가끔은 초록도
입 다물고 울음 삼킨다

철쭉

철을 모르고 내린 눈
계절을 믿어버린 꽃이 있었다

햇살보다 먼저
심장을 내민 끝에 냉해 입고
이름조차 지우고 떠났다

누구는 봄이 왔다고 말했지만
그 아이는 겨울 속에서 피었다
가장 먼저 가장 짧게

남은 건
어느 산비탈 작은 자국
발밑에 밟힌 붉은빛 기척 하나
잊을 수 없다

바람을 견딘 얼굴

진흙은 잊지 않는다
썩어가는 것들이 지나온 자리
어둠의 무게로 눌린 날들이
어디로 사라지는지를

바람은 흔들고
비는 무너뜨리고
계절은 수없이 그 몸을 지나쳤지만
무엇 하나 닿지 못한 듯
연꽃은 조용히 떠올랐다

잎은 말이 없다
고요한 곡선 안에는
수없이 부딪친 바람의 흔적
한밤의 천둥소리 견딘 침묵이 들어있다

연꽃은 세상의 풍파를 이겨낸
한 사람의 진정한 마음

그 앞에 선다
잿빛 세월을 견딘 내 등 뒤에서

잎사귀로 흩날리던 날들이
잠시 멈춰 선다

나를 보고 있지 않지만 그를 안다
부서지지 않기 위해
얼마나 많이 부서졌을지를

오늘 연꽃이 말한다
'바람을 견딘 자만이 잎 펼 수 있다'고

산타오르골

어둠을 가르며
시간의 물결을 헤쳐 가는 그리움
너의 환상으로
허물 수 없는 음파가 된다

한여름 밤을 흔들며
해일처럼 솟구치는 열망은
절박한 모습으로
빗물에 스러지고

뻴릴리 릴리 리 리 리
구슬픈 파장으로
외줄 타고 오르는 너의 그림자
허물 수 없는 투명한 벽이다

버팀목

어디선가 겪은 적 있는 데자뷔
익숙한 슬픔이 돌아왔다
너를 마주하고도
숨죽인 가슴은 웃는 법을 택했다

두근거림은 들키면 안 되는 결핍
나는 눈동자 하나 없이
마음을 끌고 걸었다

마침내 하루가 기울 때
나만 들을 수 있는 말로
스스로를 부른다

'잘했다, 잘한 거야'

누구도 듣지 않지만
말의 힘이
나를 버티게 했다

'그리움은 마음의 그림자,
늘 곁에 머문다'

2 마음의 풍경

억새꽃

하얗게 술렁이는 하늘 한 자락
옷깃에 댓바람 묻혀가며
눈물 풀어 그려본다

밤새 비가 내리고
눈 감으면
떠오르는 엄니야
억새꽃 피었다

가장 힘없는 것이
가장 강한 거라며
밟아도 꿈틀대지 않고
눌러도 튀어 오르지 않는

그런 사람 되라고
빈 그릇 채워주던
억새꽃 엄니야

슬픈 꿈이 먹장구름으로 토라져
쓰러지는 날이면
시리도록 그리운 어머니

시간의 과음으로 쓰린 속을
잠재우고 나면
억새꽃 피어난다

신호등

새벽녘
시간의 촌충을 삼키며
혼자 변해가는 신호등

어디가 내 살이고
어디가 네 살인지
삼킨 기억이 없는

바늘처럼
원색의 놀람으로
내 피를 끓게 해

눈사람

언 손놀림에
실타래로 굴러 눈 아이 되었다
나무도 막지 못한 칼바람
시끄러운 세상 한구석
짝을 잃어버린 구두
눈구덩이에 파묻히고
단춧구멍만 한 낯선 행복에
미움과 증오 칼바람에 보내도
우린 다 알지
길 떠나도 그리움은 남는다는 걸
천사 아이야
오늘은 산 넘어가자꾸나
반짝거리는 몸 여며가며
세상 밖을 한번 신나게 굴러보자
한 번 굴러 손발이 붙고
두 번 굴러 두 발 뻗어
삼 년 고개 백 년 고개로 만들자

저녁노을

산등선 아래
붉은 치마 끝에
비릿한 하루의 땀 냄새
미역가닥으로 늘어지고
빨갛게 익은 그리움
날아가는 까마귀 등에 얹혀
불길 속으로 뛰어든다

그리움 저편

희망이었던
먼 곳의 그림자

그리워 끓는 가슴
절망의 바람으로 떠다니고

그림자 비껴간 자리
시작도 없이 끝나버린 사랑

추억의 빗물 흘러도
곱게 풍겨오는 그대 향기

가진 것 모두
내어주던 어머니

어둠 속에서
넉넉한 바람으로 감싸준다

목련

젊은 날 열정으로 멍든
무성한 추억 솎아내어도
상처는 아직 흔적으로 남고
무딘 설움 헹구며
잊어야 한다

시간이 진실을 가려내지만
뒤늦은 진실조차
무채색의 눈빛으로
마지막 몸짓을 하고 있다

눈물을 말려야지
지는 모습은 싫어
차라리
꽃째 눕는 목련이 되었으면

들꽃

먼 길 가는 그대
아무려면 눈물이거나
헐거워진 육신 잠재워도
저물지 않는 사랑이다

추락할 것 같은 구름장이
위태로워 보이고
지난 시간이
향기가 전혀 없어
남몰래 슬퍼해야
한다는 것을

사랑의 순수는 사라지고
겨울의 순수만 남아
기다림은
얼음밭을 뚫고 피어난
바람 속 들꽃이 된다

실타래

앙금 같은 상처에
어깨 모서리 드러내 놓고
밤새 쌓인 미움은
제멋대로 빗살무늬다

변덕스러운 날씨에
오르내리던 주가처럼
아지랑이 꽃이 피어오르고

직립보행 섭생으로
마냥 걸을 수 있는 길에
고봉으로 핀 이팝나무 꽃
근심 걱정 놓게 한다

상사화

세상 밖으로 걸어 나온 첫사랑
끓는 그리움에 가슴 데고
사랑한 죄로 수인이 되어
무덤 속에서도 정열을 피워낸다

물기 머금은 시각
날 선 가시로 달려와
잊으라, 잊으라 하는데

골수에 사무친 기다림 자락
잎 없이 시들어져
몸을 찔러오는 가시는
또 잊으라 잊으라 한다

만남을 잊은 꽃
만남을 모르는 잎
울타리 없는 경계를 지었다

명자꽃

붉은 건 뜨겁지 않았다
오래 눌린 마음 같을 뿐
봄이 와도 누구 하나 바라보지 않는
가장자리 가지에서
꽃은 그렇게 피어 있었다

햇빛에 닿되
그늘을 택한 듯한 너
눈부신 계절 속에서도
자신의 울타리를 세운 채
가만히 흔들렸다

사람들이 진달래 개나리꽃을 말할 때
문득 너를 떠올렸다

눈물 그렁그렁해도 울지 않는 눈동자
묵묵히 피는
명자꽃 하나

옥잠화

단단해진 건
쉽게 깨지지 않는다

아끼다 못 쓰고 버리는
수채화 물감
망설이다 굳어버렸다

그저 살아서 좋은 것을
아끼지 말걸
그냥 다 줄걸

내일의 세상
환하게 옥비녀 꽃필 때
머리에 꽂고 다가갈 것을

벚꽃 아래서

하늘 바람 피어나는 시간
느리게 걷는 걸음 뒤로
벚꽃은 가만히 속삭인다
겨울 끝자락 추억이
분홍빛으로 물들어 가고
계절을 품은 나무들도
조그만 발자국 하나에
마음 깊은 곳 흔드는데
그 위로 꽃잎 하나
말없이 떨구며 꽃 시간이 멈춘다
그리지 않아도 아름답다고
어디선가 들리는 새소리에
이 길 끝엔 잊고 지낸 꿈이
굳세게 자리 잡을 거라고
눈 시리게 흐드러진 춤사위
뺨으로 흐른다

그리움이라는 그림자

부르지 않아도 찾아온다
바람에 실려 눈을 적신다
침묵 끝에서 자란다

낮에도 그림자 드리우고
밤이면 가슴에 조용히 눕는다
잊으려 하면 끝에서 더 뚜렷해진다

지나간 계절에도 머물고
오지 않을 사람 앞에도 핀다
멀어질수록 가까워지고
지우려 할수록 선명해진다

고요한 파문은
되돌아오지 않아도 사라지지 않는다
끝내 말이 되지 못한 사랑
기어이며 시들지 않는 아픔이다

너 없이 봄은 핀다

꽃잎 한 장 발치에 닿았다
네 마지막 손길처럼 다정해서
차마 밟을 수 없었다

바람꽃이 피어 있다
숨죽인 들판 한가운데 너처럼
사라질 듯 조용히 피어 있었다

그날, 너의 뒷모습은
말보다 먼저 멀어졌고
그 어깨 위로 벚꽃 떨어지고 있었다

나는 말 대신 꽃잎을 바라보았다
너를 부르면 꽃마저 멈출 것 같아서

사람들은 말한다
봄은 다시 온다고
하지만, 어떤 봄은 돌아오는 대신
영원히 사라진다는 걸

바람꽃은 바람으로 피어
바람에 지는 꽃이라 했다

너도 그렇게 어디에도 머물지 못한 채
봄에서 사라졌다

나는 아직 그날 그 자리에서
떨어지는 꽃에 겹친
너의 뒷모습을 기억한다

그사이 벚꽃은 또 제멋대로 피고
바람은 내 등을 스치며 네 흉내 내고
햇살은 아무 일 없듯 눈부시게 쏟아진다

그렇게 너 없는 봄은
오늘도 피고 있다

내 안의 낯선 곳

가끔 바람벽에 등을 기대고도
허공에 떠 있는 느낌이 든다
그럴 때면 안에 있는 어떤 방 하나가
문을 닫는다
팔자라는 말로 덮어두고 살았지만
내가 나를 끝까지 따라가지 못한 탓이다
선연한 눈멍울이 튀고
가슴 안쪽이 뜨겁게 일렁이는 날
나는 낯선 나를 마주한다
오래 알고 지냈는데
멀게 느껴지는 얼굴
목마름은 갈증이 아니라
이름 붙이지 못한 감정의 끝자락
이제는 찾는 법도 잊었다
산비둘기, 저녁노을 가르며 날아간다
그 붉은 하늘 아래
한 발짝도 내딛지 못한 채 눈을 감는다
정착하지 못한 것은 나였다
길을 떠난 건 발이 아니라
무력한 희망이었다
지금도 낯선 방 앞에서 서성이고 있다

바다직박구리

물안개 피어나는 새벽
강가에 앉아 있는 사람
한 세월을 등지고 돌아선 뒷모습엔
바람 굳어 말라버린 이름 하나
어깨에 짊어졌다

멀리서 바다직박구리
지나간 시간을 껴안듯 날아와
물 위에 무심한 발자국을 남긴다

사랑이 떠나고
자식도 손을 놓고
자신조차 자신을 잃은 시간이
어떻게 이 강물에 스며있었는지

새는 짧게 운다
묻어둔 울음을 끌어올리고
고개를 숙인 채 스스로 견딘다

아무도 오지 않는 새벽
흐르는 물 위에 마음 띄워 두고
다시 한 생의 침묵 속으로
천천히 돌아선다

엄마 안테나

남의 흠은
커다란 집처럼 눈에 들어와
어디서든 우뚝 서 있는데

내 자식 흠은
먼지 한 점 같아
숨결 하나로 날려 보내고 싶어지는
그게 부모지

가끔은
주파수가 엇갈려
서로의 말이 찌지직
울컥거리기도 하지만

엄마 안테나는
언제나 자식에게 맞춰져 있어
하늘을 더듬어도
결국은 너의 목소리를
제일 먼저 잡아채는 방향으로

배롱나무

진분홍 치맛자락
눈물 마를 날 없이
잿빛 가득한 하늘 닦다가
손가락 굵은 마디
손끝 넘어 100일 기도드리던
어머니
몸으로 떨며 흐르는
산등성 늘어진 노을
붉디붉은 사연으로 재연되는
울타리 마주한 눈이 서럽다

'삶은 때로 무겁지만,
그 무게가 우리를 단단하게 만든다'

3 삶의 무게

우울, 혹은

점액질 끈적이는
너와 나의 직선과 직선
인생에 밑변 이등변삼각형

영원히 가까울 수 없는
세 꼭짓점이 얼룩진 수채화로
조각조각 숨어서 운다

아주 처음부터
어둠과 물 의식의 공간

무의식의 자궁 속
시작이 없는
무정란의 세계

점하나 찍히지 않는
생명이 되고 싶어

장맛비

먼 길을 걸어온 것 같은데
항상 그 자리다
몸에 익은 일들이 낯설어지고
아픔의 후유증 곳곳에
복스럽지 못한 구석진 흉터들
돌풍에, 머리끝에서 발끝으로
뼛속까지 젖는다
슬픔이 뱉어지고
살아온 인생이 지워질까
곪는 시간과 터지는 시간
모두 때가 다르겠지
장맛비는
때론 사소하게
때론 노골적으로
태양에 대한 두근거림을
들키지 않으려 비껴가고
빗줄기에 녹아든 상처는
매일 배달되는 우윳빛으로
눅눅한 어깨를 내리누른다

긍휼의 길

반신욕의 더위에 갇혀
낮게 숨을 토해내는
고통에 익숙해진 사람과
아픔을 잊어버린 사람들이
자생 오리진 품으로 안기네
숨 쉴 공간이 없어
어떤 소리도 들리지 않는
텅 빈 진공관 같은 심연 속에서
전통의 침술은 살아 있었네
오래되어 아물지 않은 상처
긁어내는 진맥의 손길은
새살 돋아나는
사람을 위한 사랑의 온기
그 명맥을 이어받아
긍휼의 손길로 환자를 지키는
자생한방병원의 원대한 숨결
이 땅에 아픔이 사라질 때까지
방방곡곡 어느 곳이든
사랑의 손길 펼치네

걷지 못하는 기억
—치매

중요한 건 교과서에 없었다
너와 나의 세계가 분리되어
점점 멀어지는 망각의 시간

기억하지 못하는 해마는
행복했던 유년 시절 붙들고 있었던가
기막히게 감정만은 잊지 않는다

너만 안 다치면 된다는
상처가 보이지 않는 흉터
그림자도 남기지 못하는 기억

하나가 둘이 되었다가
둘이 하나가 될 수 없는
잃어버린 삶

위를 향한 해마의 머리는
꼬리를 생각해 내지 못하고
남아 있는 기억의 크기로는
걷지 못한다

언어의 무게

소리치고 싶었다
바람이 해석하는 흐느낌
속울음 언어를

스스로 낸 상처에
아프고 아파야
살 수 있는 목숨

언젠가 한 번쯤은
기막힌 울음 하나
내뱉기 위해
소리치고 싶었다

이해하지 못할
기막힌 무게의 몸부림을

하지고뿔

개도 안 걸린다는 여름 고뿔
들숨과 날숨으로 횡격막을 파고들어
재채기 두어 번으로
두개골을 들었다 놨다

빗방울 맺은 모과 얼굴을 한 채
머리는 드라이아이스 속에서 헤매고
등골이 구부러질 만큼 큰기침
구멍 뚫린 폐와 위장은 나른해진다

오장육부를 들쑤시고 다니는
이름 모를 쇳소리 신음은
잠의 뼛속까지 흔들며
목소리마저 빼앗아 갔다

잠결인 듯 현실인 듯 구분할 수 없는
침대 위에 살설음
무색해진 하지의 비명이 들린다

침묵으로 답하다
-바둑돌

흑과 백
태초에 부여된 운명의 색
돌판을 나눈다

물러서야 할 때 버티면
진물로 번지는 침묵
돌 틈으로 스미는 고통

급소는 너무 아픈 자리
돌이 많아서 뒤엉키면
아픔이 늘어난다

짓눌린 자리는
패처럼 가라앉고
딱지로 굳는다

한 수 삼키고 두 수 견디면
흉터 위로
새살 집이 잡힌다

참음은 패배가
침묵은 꺾임이 아니다
오묘한 수가
전체를 거꾸로 뒤집는 순간

좌변과 우변을 잇는 기회는
움직이지 않는 돌에
끝끝내 머무는 것이다

어미개 '달이'

불법 번식장에 갇혀
억압된 환경을 견디지 못한 달이
신분 세탁으로 팔려 가는
새끼를 삼켜버렸다

공포와 두려움으로
1년 넘게 굳어버린
새끼를 화석으로 품고 있었다

합법, 합법 외치는 경매장으로
태그 갈이로 납품되어
펫샵으로 팔려나가는 번식장 아가들

인간의 욕심으로
임신과 출산을 반복하며
탈장된 장기로
밥 한번 편히 먹지 못한 생명

제대로 쉬지 못한 채
고통을 받았던 아가들
눈물 젖은 머리 쓰다듬는다고
맺힌 한이 보일까

보호받지 못했던 생명들 보며
숨 내쉴 때마다
돌덩이 드는 것 같은 무게

인간의 이기심은 산을 옮긴다

입퇴원 파도타기

근육을 할퀴는 통증으로
구급차에 실려 응급실로 왔다
아픔 속에서도 들려오는
환자와 의료진과의 다툼
신경전 소음에 한숨 못 잤다

의료파업으로 이틀 밤을 지내고
실신 상태로 들어온 병실
언제부터인가 겨드랑이에서
진통제와 묵은 약들의 영령이
스멀스멀 흘러나와 젊음을 뺏어가려한다

다급하게 뿌리치고
주치의 인도에
복도 끝까지 그어진 줄을 따라
살금살금 걸어본다
오래된 걸음의 기억이 살아난다

반복되는 입퇴원 절차는 그때마다 새롭다
파도 타듯 조심조심
병실을 뒤로하고

수납 후 손에 쥐어진 처방안내문
멍든 팔이 링거 자국으로 물들었다

무섭고 힘든 시간을 보내고
가족의 소중함을 다시 확인하며
단순한 걷기가 얼마나 귀중한지
변하지 않으면 안 된다고 다짐한다

이 악물고 병원을 나서는 길
하늘이 파랗다

링거를 맞으며

크고 반짝이는 낯선 도시
문득 돌아본 그 길 위에
희망을 입양해 왔다

여름 한낮 담장 너머
꽃분홍 웃음 배시시 지어 보는
목백일홍이 살갑다

모르는 사람 틈에
낯선 삶을 펼치는 곳
막연하게 희망을 새겨본다

하루치의 삶을 견디면서
생명의 빗방울은
행복이라는 나뭇잎에
희망으로 똑똑 떨어진다

생존자

우리는 멈추지 말고
오늘을 살아가야 한다

산다는 것은
칼날 위에 서 있는 묘기

내리는 순간 베이고
뛰는 무게를 이기지 못한다

미래는 아직 오지 않았고
과거는 이미 지나 버렸다

현재라는 칼날 위에
서 있는 우리
중력을 벗어나지 못하고

그저 오늘을 살아가는
블랙홀의 생존자

불의 날개
－헬기조종사

하늘에서 불을 퍼내던
그 사람은
내리지 못했다

산은 타올랐고
천연기념물이라 불리던 생명들도
이름 없이 사라졌다

그가 살리려 한 숲은
재와 연기 속에서
서서히 식고 있다

누구는
그를 영웅이라 불렀고
그저 뉴스 한 줄로 삼켰다

나는 안다
불을 향해 날아오른
그 날개 하나가
얼마나 뜨겁게 꺾였는지를

지금도
저 불탄 하늘 아래
그의 마지막 고도는
천천히 떨어지고 있다

바닥은 항상

끝없이 무너진다고 느낄 때
모든 것이 빠져나가고
허공뿐일 때가 있다

그럴 때조차 나는 안다
바닥은 항상
거기 있다는 것을

손끝이 떨릴 만큼 깊은 어둠에도
발끝을 조심스레 내밀면
언젠가 반드시 닿는 감촉
그게 바닥이다

나를 멈추게 하여 울게 하고
비워진 마음에
무언가 다시 채워지는 자리

바닥은 상처를 다독이고
무릎을 꿇게 하며
두 손으로 삶을 짚게 만든다

나는 믿는다
바닥은 항상 내 편이라고

그곳에서부터 다시 걷는 법을
수도 없이 배웠다
지금 또 한 번 배우는 중이다

저 어 새
- 작은손, 순옥이

겨울바람이 뺨을 베어도
순옥이는 늘 아이스커피를 쥐고 있다
차가운 잔 너머
속이 오래 끓고 있었을까

헬스복 사이
땀인지 눈물인지 모를 얼룩
작은 손등에 거칠게 스며든 날들

무거운 수건 더미에
삶의 무게까지 함께 옮기며
누구보다 많이 흘려놓은 땀방울

그 어깨에서 얼마나 오래
울음이 버티고 있었는지를
누가 알아줄까

걸레자루보다 작은 몸
닦은 건 바닥이 아니라
자신에게조차 숨긴 상처였다

그래도 순옥이는 매일
얼음을 휘저으며
하루하루를 다정하게 견뎌낸다

나는 얼음 잔 건너로
아직 다 녹지 않아 허우적거리는
저 어새의 계절을 바라본다

화연산장, 도심의 온기를 굽다

빌딩 틈 한 걸음 비켜선 길
달빛이 눌러앉은 작은 산장
밖은 여전히 숨 가쁘게 흐르지만
문 열면 숲의 체온 같은 고요가
나뭇결을 타고 번진다
벽면을 감싼 원목의 짙은 숨결이
화롯불 위로 천천히 내려앉고
도심 속에서 쉼표 하나를 구워내며
하루의 무게가 서서히 녹아든다
불 위의 고기는
입에 들이기 전 눈으로 굽고 삼킨다
이곳은 맛보다 먼저 마음을 익히는 곳
달 조명 아래 마주 앉은 연인들
나직한 속삭임으로 채우는 시간
불빛은 웃음 짓고
연기는 기억에 스며든다
고기 굽는 손길은
불의 높낮이로 마음을 조율하고
젓가락 끝마다 배려가 익는
가장 따뜻한 불이 타오르는 화연산장
속도에 지친 도시 사람들도
이곳에서는 사랑의 온도를 되찾고
누군가는 잊지 못할 밤을 굽는다

도미노

첫 번째 무너짐은 공사비였다
사람들은 앉은자리에서 싸웠고
시간은 휘어진 철근이 되었다
건물은 힘없이 무너졌고
그것은 콘크리트만이 아니었다

시장 골목에선 파값이 들썩였고
사과는 팔리지 않았다
신문 한쪽 구석에
'물가 붕괴'라는 단어가 실렸다

뉴스는 다음 붕괴를 예고했고
사람들은 놀라지 않았다
무너짐이 일상이 되면
어떤 소리도 경보로 들리지 않기에
오늘도 붕괴 속에 산다

아무 일도 못하고 기다린다
도미노의 마지막 조각이
손에 닿기 전 무언가 멈추기를…

잉여인간

과속 차량 틈 사이
속도에 지친 빗방울
겁 없이 톨게이트를 지난다

험담과 비방이 난무하는
거리와 빌딩 사이
좁혀지지 않는 사람들

봄비는 마냥
속력에 분칠을 하며
브레이크 없이 질주한다

빠름을 따라가는 눈이 있을까
제자리에 멈춘 욕망이 있을까
역할이 없는 인간이 있을까

봄비 따라 걷다
설 자리 놓치고
깜빡깜빡 눈꺼풀 여닫는다

해치

흘러가는 인생
방향 모른 채 걷는 길
횡단보도 신호음 파고든다

살다 보면 주고받는 법이지
'열차를 타고 내리실 때,
조심하시기 바랍니다'
낭랑한 방송 외면하는 걸음들
인생은 흘러간다 어디로든

세상엔 다른 진실이 있다고
믿는 바보들도 있지
선과 악의 승자와 패자
사는 자와 죽는 자가 있을 뿐

모가지에 방울을 달고
머리에 뿔 솟은 법과 정의는
개에게 물릴 때도 있지

눈 부릅뜬 해치
대문 지키느라 튀어나온 눈망울
가운데 멈췄다

산불, 봄꽃

밤새 비가 내렸다
불이 스치고 간 산등성이 위로
그을린 가지들이 침묵으로 젖어간다

소리 없이 이름도 없이
불길은 모든 걸 삼키고 떠났다
말라버린 뿌리와 함께
울음마저 타버린 자리

잿더미 속에서
누군가 피워낸 듯
한 송이 봄꽃이 붉게 젖는다
누가 본 적 없는 틈에서
살아있으려는 몸짓으로

어디가 하늘이고
어디가 땅인지 모를
무너진 풍경 속에서 묻는다

왜 꽃은 이토록 조용히 아픈가
왜 피어나는 것은 늘
무너진 자리에만 오는가

봄은 어김없이 돌아왔다는 걸
나는 안다
돌아왔다는 말 한마디로는
절대 돌아오지 않는 것들이 있다는 걸

살려달란 말도 없이 꽃은 피고
나는 오늘도
젖은 창가에서
재 속에 남은 불씨를 살핀다

잔등

흙바람은
언제나 등을 먼저 후벼 팠다
돌아서지 못한 쪽이
먼저 뜨거워졌다

눈몽아리가 불덩이로 일어서는 날
갈 곳 없이 뛰던 심장을
잔등에 얹고 내달렸다

누가 뒤에서 울었는지 모른 채
씹어 넘기던 바람 속에서
고통을 통째로 삼켰다
혀끝 울음도 넘어가질 못했다

불꽃이 아니라 칼날이었다
내 등엔
이름조차 남기지 않은 하루가
핏자국처럼 말라붙었다

돌아본 적 없이
어깨너머로 흘러내린 삶을
등으로만 기억한다

누군가는 등을 밀었고
누군가는 등을 돌렸으며
나는 끝내 등으로 살아냈다

끼어들기 금지

두 발이 있어도
걷지 못하던 때가 있었다

휠체어 바퀴를 굴리며
평생 가는 흉터를
성난 시간으로 잠재우며
주문을 외웠다
생각이 현실을 만든다고

기억하는 게 무서워
저녁 내내 술 빨아먹어도
완전히 잊지 못해
가슴팍 두들긴 하루하루

오십견 날개 퍼덕거리며
길바닥에 앉아 펑펑 쏟아내던
금기의 시간

파동 치는 두 발
끝내 날개는 겨드랑이에 멈췄다

동양화

다 그리지 않는다
멀리 있는 산봉우리는
여백으로 남긴다

물은
멈춘듯 흐르고
바람은
닿지 않으면서 지나간다

모든 것을 채우기보다
비워두는 것이
더 오래 남는 삶

번지지 않도록
무겁게 눌러 그은 선이
오히려 가장 깊이 번진다

삶은
침묵이 번지는 화폭 위에
천천히 완성해 가야 하는 동양화

멈춤은 끝이 아니라,
다시 숨을 고르는 시간

4 쉼표의 자리

황새냉이꽃

얼음바닥
차고 오르는 꽃무더기

젖은 새벽으로 눈 뜨는
고통의 시간은
허구한 날 깃털로 우는
흔적의 삶은 알고 있다

끝머리 없는 매듭 풀 듯
깊은 늪 밑바닥
그리움 벗겨내는 소리

적막의 날들
잊은 듯 취해 살아도
쓸쓸한 햇살 한 줌
어루만지면서
애스런 핏물 흘리는 것을

나는 알고 있다
여전히 살게 하는 것이
무엇인지를

바람을 안으며

사각인 바람
두 발로 밟고 선다

막힐 것 없는
가슴이 뜨거워
새벽안개 털어낸다

침묵의 달빛을 마시고
흰 발목을 적시는데

밟고 선
내 그림자 보이지 않는다

불면

바닥까지 슬픔을 전하고도
빗장 걸 수 없는
기나긴 서성임

언제쯤
내 것이라 품을 수 있을지
아픔으로 와 펼치는
봄이
아직 낯설다

올라가면 하늘에 닿을까
너를 피해 벼랑 위에 선다

가도 가도 손 그림은
희미하고
하늘에 닿을 수 없어
머리 위 바다를 삼킨다

빈 유리병

사람들은 행복한 순간에
밑줄 그으며 살아간다
다음 페이지에 무엇이 올지
아무도 모르면서
지킬 수 없는 맹세를 하며
영원할 것처럼 웃고
드러낸 행복 뒤에
많은 것들을 숨겨 놓는다
마법을 펼친 좋은 것들이
모두 사라져 버리고
페이지를 찢고 싶을 만큼
힘든 순간이 왔을 때
선택하지 말고
그냥 사는 거라고
한배를 타고 밤새 노 저으며
너만 있으면 든든할 거라며
빈 유리병을 채운다

산책길에서

오래된 절친과 선유도에서
공원의 이른 봄을 맞는다

이상기온으로
무릎 시린 나무들이
동그란 눈으로
하나둘 꽃망울을 터뜨리며

어리둥절한 모습으로 쳐다보는
사람들을
물끄러미 바라본다

'모퉁이로 밀려난
가벼운 삶입니다
조금만 신경 써 주세요'

덤불 사이로 흙수저의 삶이
주의! 표지판에 그려져
눈에 들어온다

지나가는 바람 입에 넣고도
허기진 명치끝으로
선유도 바람을 집어삼킨다

새들의 날갯짓으로
몇 걸음 빨리 오는 봄인지
외투를 든 손이 무겁다

시룻번

기둥은 기둥을 믿지 않는다
서로에게 등을 돌린 채
하늘을 떠받들 뿐이다

그 사이 말을 하지 않는
나무 하나가 놓인다
무게와 무게를 잇는 일은
항상 이름 없는 존재의 몫이다

사람도 그렇다
등 돌린 말 사이
눈치로만 버티는 마음 하나
그것이 빠지면 관계는 기울고
마침내 무너진다

시룻번은 울지 않는다
기대지도 않는다
침묵으로
모든 것을 잇는다

꽃잎과 꽃잎 사이에도
햇살 한 가닥이 시룻번이 되고
계절과 계절 사이엔
묵은 바람이 고요히 건너간다

세상 모든 견딤에는
드러나지 않는 중심이 있다
기억과 기억 사이
놓여 있던 너 같은 것

기억의 먼지

잊혀야 하는 기억
주인조차 마음대로 할 수 없어
완전히 잊은 줄 알았는데
부재에 익숙하지 않아

털어 내 버릴 수 없는 두려움
세월에 묶여 찐득찐득 굳게 해
어느 날 갑자기
빵 하고 터지는 거지

머리가 잊은 건 몸이
몸이 잊은 건 머리가 떠올리는
역류의 흐름을 멈출 수가 없어

터지는 순간
어딘지 모르게 날아갔다가
어느새 조여 오는 올가미

회로에 든 기억의 먼지
이제는 털어야지
한 몸이 될 수는 없으니까

개기월식

익숙하고 평범한 날들이
소독약과 수액 방울로 지나간다

누구도 만나지 못했던 시절
겨우 씨앗 하나 심어 놓고
과일이 열리기를 기다렸다

달이 지구의 그림자로 들어가
완전히 가려지듯
삼 년 주기의 수술실 잠행

자동문이 닫힐 때마다
괜찮을 거라며, 괜찮을 거라며
수술 도구 싣고 가는
드레싱카 바퀴 소리 멀어진다

깊은 수면의 주문 외우며
반복의 기계음에
육신에 정신이 가려지는
개기월식 의식을 치른다

느낌표와 쉼표 사이

세상이 다정하지 않아
손을 잡아주지 않아

보이지도 않는 선 밖에 있는
보이는 것들이 돌아서는
볼 것 같은데 봐주지 않는

고통에 익숙해진
고통이 괜찮아질 때까지 숙달된
고장 난 고물상을 가진 기분

예행연습이 없는
느낌표와 쉼표 사이

그 거리만큼
삶이 펼쳐지고 있어

그걸 부셔야 해

느낌표는 쉼표로
쉼표는 느낌표로

나에게

어리고 여린 감정들이
몇 번이나
병마와 싸우는 나를
흔들어 깨운 걸까

분노의 주인이 될 수 없었던
그림자 얼굴
슬픔은 감춰도 보인다

무서운 일이 생길 때마다
나를 위해 울어 준 건
삶의 기회

울타리에 구멍 내듯
바위틈에 물 흐르듯
살아갈 수 있는 길 만들면 돼

뒤돌아보지 않는 구름이
비를 내리잖아
그렇게 사는 거야

기억

두 눈을 번뜩이는 고양이들
저마다 목적지를 향해 달려간다

4차선의 갓길 비 젖은 유년이
잘 이겨냈냐며 손짓한다

임기응변이 약해
평범하기조차 힘들었던 일상이
서럽게 발버둥 친다

시시각각 변하는 도로의 감정들
고양이 떼 빛을 뿜으며
어둠 속으로 달려 나간다

기억이라는 건 무서워
아침이면 잊어버려도 되지만
꿈꾼 밤이 태양을 가린다

화이트아웃

눈이 내려
모든 게 하얗게
원근감이 없어졌다

어디가 눈이고 하늘인지
어디쯤이 세상인지
경계를 알 수 없어
길인지 낭떠러지인지

예상치 못하는
힘으로 피해 갈 수 없는
그 순간

현실인지 꿈인지
절대 알 수 없는
너와 나의 함수관계

순수의 순백에서
암흑의 순백으로 변한
화이트아웃

멈춘 시계

걸리는 게 없으면
살아가는 데 문제없을 줄 알았다
봄꽃 소나기도
때가 되면 오는 줄로만 믿었다

그날 말이 멈췄고
계절도 함께 멈췄다
햇살은 들어도 꽃은 피지 않아
비는 내릴 자리를 잃었다

시계는 그 시간에 멈춰 있었다
바늘이 가리키는 건 시간이 아니라
마음의 멈춤이었다

어디로도 가지 못하고
움직이는 세상에서
조용히 멈춰 있는 법을 배웠다

지금도 벽에 걸린 그 시계를 보며
한참을 머문다
시곗바늘이 우리를 향해

움직이고 있었다는 사실 하나로
숨결 가다듬으며

비의 침묵

잎마다 맺힌 물방울
네가 하지 못한 말 같은데
한참을 맴돌다 떨어진다

개울은 자꾸만
네 쪽으로 흘러가고
나는 멈춘 채 가라앉는다

비는 내리는 게 아니다
어디선가 잃어버린 것들이
다시 돌아오는 방식으로
숲에 닿는 것이다

나는
그 잎 하나하나 아래
조용히 젖어가고 있다

젖어가는 숲
젖어가는 나
끝내 말하지 못한 너
비의 침묵을 닮아간다

이슬꽃

여명의 잎맥 위에
누추한 침묵이 매달린다
꽃잎의 경첩은 다물지 못한 채
이슬방울 떨고 있다

빛 이전의 떨림
맑음 속에 스며든
묵은 탄식과 끝말들
언어 아닌 형체로 고인다

누구는 이슬을 찬란이라 부르나
그 투명함은
긴 어둠의 탯줄을 끊고 피워낸
슬픔의 변성이었다는 것을

봄은
말없이 버텨온 시간들이
가장 낮은 숨으로 내민 몸짓이었다

몽당연필

끝이 닳도록 쥐고 있던 말이 있다
긴 문장은 사라지고
짧은 숨만 남았다

꼭 아파야만 기억하는 게 아니다
번지지 않은 이름조차
속 깊이 남길 수 있다

지워지지 않는 마음은
말보다 느리게 닳아간다
쓸 수 없어도 버릴 수 없는 것들
쓸 말이 남아 있었는데
연필이 먼저 닳았다

그렇게 짧아진 문장 속에
나는 자꾸 당신을 적었고
당신은 점점 작아졌다
아프지 않았던 순간들도
다시 떠오르면 눈이 먼저 젖는다

버릴 수 없어
서랍 속에 넣어둔 몽당연필
나는 당신을
다 닳을 때까지 쥐고 있다

벼랑에서

벼랑 위에 세우지 말라
숨 한 번 어긋나도 미끄러진다

빛은 높은 자리에서
그림자를 데리고 다니는 것

가장 어두운 곳에서
자꾸 미끄러졌다

의자 하나 놓을 틈 없는
풍경

말 한 줄 붙이면
균형이 깨질 것 같은 하루

멀리서
파도 소리가 들려왔다

사람은 제 안의 절벽까지 다녀와야
비로소 말없이 선다

바닷가에서

모래밭을 맨발로 걷는
여자의 뒷모습에서
깨어나지 않는 기억과
잃어버린 시간이 떠오른다

붙잡지 못한 추억
돌아서고 또 돌아서는 손짓에
줄지어 서는 바람의 경계
휑하니 물러가고

온몸으로 울어대는 물새
자국 없이 하얀 포말 속으로
날개 펼쳐 사라진다

어지러운 세상에서
밀려와 드러난 상처
밀려가 보이지 않는 상처
모나게 멍들어 수면에 출렁출렁

밀물인지 썰물인지 알 수 없는
젖은 발바닥에 마른 모래 엉킨다

솟대

하늘 우러르며
떠날 사람 떠나듯
계절은 다시 돌아오고

익숙해질 만큼 떨어내고 나면
바라는 걸 얻을 수 있을까

목이 길어 슬픈 새
울지 못해 소리 없는 날갯짓으로
끝없이 하늘에 가닿아

노란 꿈 전하고
땅거미 진 어귀를 지킨다

스무 살 돌담길

두 손 입김으로
언 손 녹이다 마주한 돌담길
듬성듬성한 틈새바람에
잠깐이었던 건 사랑과 이별

발등 찍는 일보다
눈부시게 빛나게 했던 건
희망을 놓지 않는 거였다

머뭇머뭇 망설이다
홀라당 정신 홀리며
철을 모르고 쌓인 낙엽

스무 살 추억 같은 돌담길을
사그락 사그락 내디디며
심호흡 진하게 해 본다

백열등 같은 은행잎 사이
살갑게 퍼져가는 빛살 사이로
활짝 안겨드는 희망

하~
호~
호~

체험적인 삶의 언어 펼치기

이오장 (시인 · 문학평론가)

 사람은 저마다의 삶에서 맞이하는 시련과 고난은 다르다. 환경에 따라서 맞이하는 순간과 충격이 다르므로 느낌의 크기도 각각일 수밖에 없다. 김인덕은 삶의 험한 고개를 넘으며 다시 구르고 넘어지고 상처에 상처를 더하는 고난을 겪었다. 이러한 고난의 체험이 언어를 갈무리하고 확장하는 힘으로 뻗어나가 시인의 길을 걷게 하였다. 일상과 현실은 언제나 시련이며 그것을 극복하는 일이다. 거대하고 묵묵한 현실은 앞을 보여주지 않고 이미 겪은 일도 잊게 한다. 죽음의 문턱을 겨우 넘어오는 경험을 했어도 시간이 지나면 잊는다. 만약 망각하는 작용이 없다면 더욱 힘들다. 그렇다면 잊음으로써 행복하고 삶이 부드러워지는가. 그렇지는 않다. 잊은 것보다 많은 현실이 닥치기 때문이다.
 여기서 시인의 시는 새로운 길을 제시하는 역할을 한다. 꽉 막힌 밀실 같은 공간에서 한 줄기 공기 역할을 하는 것이다. 그의 시는 현실을 대하는 우리의 태도를 바꾸는 데 큰 역할을 한다. 단순히 오래된 상처를 치유하거나 미래의 불안을 달래주는 것이 아니라 매우 현실적인 강박감을 해소한다. 시에서 나타난 체험적인 삶의 언어는 의사의 처방처럼 무겁지만, 치료의 방향을 잡아준다. 시인은 삶의 선험적인 존재로 먼저 보고 느끼며 깨달았다. 의학적인 치료 효과가 아닌 삶의 방향을 보여주는 것이며 설명하지 않아도 삶의 동일한 힘을 골고루 전파한다. 시를 읽지 않는 사람은 시인이 제기하는 질문이나 확답에 귀를 기울이지 않지만, 주위의 삶이 흘러가는 쪽을 바라보게 되어 같은 효과를 얻는다. 직접 체험해 보고 새로운 길을 찾는다는 것을 증명하는 게 김인덕의 시 쓰기다.

철학은 본질과 인습과 전통을 파괴하는 질문을 던지지만 시는 파괴하는 힘을 발휘하는 게 아니라 방향을 트는 방법을 제시한다. 이는 함께 때와 장소를 공유하는 작용으로 삶의 활력을 찾는 것이다. 시가 육체와 영혼을 치유한다고 말하는 이유는 감염을 일으키는 요인을 식별하고 제거하는 힘을 가졌기 때문이다. 시인은 이런 점에서 삶의 과정에 해답을 제시하는 역할을 충분히 하고 있으며 고난의 체험은 인간에게 삶을 이해할 수 있는 것이 무엇인지, 유익하고 적합한 것이 무엇인지를 명확하게 밝혀준다.

1. 살아 있음이 지금 존재한다는 것 증명하기

삶이라는 어려운 숙제를 풀어나갈 때, 시는 어떠한 역할을 하며 도움이 되는가. 산다는 것, 살아 있음을 느끼고 지금 존재하는 것이 행복하다는 증명이 될 수도 있으나 존재만으로 행복하다고 하는 사람은 없다. 산다는 것은 결국 선물과 같은 것으로 이 순간 살아 있다는 확인만이 행복감을 나타내는 기준이다. 과거가 어떻고 미래가 어떻고 하는 것은 아무런 소용이 없으며 이 순간이 삶이다. 김인덕 시인의 삶은 그냥 사는 것이 아니라 긍정하고 지속하는 일이다. 고난의 시간만큼 삶의 기준을 세우고 그 위에 언어의 탑을 쌓아 자기의 삶이 고난이 아니라 행복을 위한 과정이었음을 작품으로 밝힌다. 눈물은 보석으로, 아픔은 꽃으로, 불행이었다고 생각하는 모든 것을 현재의 삶에 비춰 밝은 빛을 발하는 그런 시를 쓴다.

하얗게 술렁이는 하늘 한 자락
옷깃에 댓바람 묻혀가며
눈물 풀어 그려본다

밤새 비가 내리고
눈 감으면
떠오르는 엄니야
억새꽃 피었다

가장 힘없는 것이
가장 강한 거라며
밟아도 꿈틀대지 않고
눌러도 튀어 오르지 않는

그런 사람 되라고
빈 그릇 채워주던
억새꽃 엄니야

슬픈 꿈이 먹장구름으로 토라져
쓰러지는 날이면
시리도록 그리운 어머니

시간의 과음으로 쓰린 속을
잠재우고 나면
억새꽃 피어난다

- 「억새꽃」 전문

 주위에 가장 흔하고 무성한 풀들을 보면 그 강인한 생명력에 탄성을 지른다. 잡초라고 이름 없이 취급하지만 엄연한 하나의 생명이다. 이유 없이 생겨나지 않았으며 역할이 없는 것이 아니지만 작물의 성장에 방해가 되므로 잡초라는 이름으로 멸시당하는 풀들, 그들의 입장에서 보면 너무 억울하고 힘들다. 그런 풀 중에 억새는 가장 강인한 생명력을 가졌고 의지의 대명사다. 험악한 지형이나 박토에서도 무성하게 자라나 삶의 기준이 되어준다. 아무리 뽑아내도 돋아나고 꺾어도 꺾이지 않는 생명력, 그게 김인덕 시인의 힘이다. 하늘은 가장 자유로운 곳이다. 누구든 차별하지 않고 마음껏 상상할 수 있고 날아갈 수 있는 공간, 시인의 어머니는 지금 그곳에 있다. 가장 힘없는 것이 가장 강한 것이라고 가르쳐준 어머니는 모태일 뿐만 아니라 살아가는 힘이다. 그런 힘이 시인을 살아가게 하는 근원이 되어 어떠한 고난도 헤쳐 나가게 한다. 때로는 먹장구름이 몰려와 비를 내리게 하고 바람을 불러 요동치게 하지만 자유의 하늘과 어머니는 고통을 삭감시켜주고 삶의 기둥을 세워준다. 어머니는 절대적인 의지의 대상이다. 어떤 날 힘겨워 술 한 잔에 취해보지만, 아무것도 잊을 수 없어 눈물 흘릴 때 내면에서 피어난 억새꽃의 강력한 힘은 시인을 다시 일어서게 한 의지의 표상으로 하늘과 어머니를 부르는 원점이 된다.

세상이 다정하지 않아
손을 잡아주지 않아

보이지도 않는 선 밖에 있는
보이는 것들이 돌아서는
볼 것 같은데 봐주지 않는

고통에 익숙해진
고통이 괜찮아질 때까지 숙달된
고장 난 고물상을 가진 기분

예행연습이 없는
느낌표와 쉼표 사이

그 거리만큼
삶이 펼쳐지고 있어

그걸 부셔야 해

느낌표는 쉼표로
쉼표는 느낌표로

― 「느낌표와 쉼표 사이」 전문

쉰다는 것은 살아 있는 것들의 권리이며 확인이다. 사람은 어떨 때 가장 쉬고 싶을까. 노동에 지쳐 있을 때와 삶의 피로를 느낄 때지만 그것을 구분하기는 어렵다. 막연하게 쉴 자리를 찾게 되고 습관적으로 쉬려고 하는 습성을 보인다. 시인의 쉴 자리와 즐길 자리를 구분하는 기점은 육체에서 느끼는 고통이 아니다. 그 고통을 넘어서서 새로움을 알아챌 때이다. 아무리 힘든 삶을 살아도 남은 모른다. 간접적으로 느낌을 받고 동정심을 갖든가. 아니면 도움의 손길을 뻗지만, 어느 사람도 다른 사람의 고통을 모른다. 오직 자신의 힘으로 넘어야 할 산이다. 그것을 깨우친 시인은 쉬는 시간을 정해놓는 게 아니라 어느 때든 쉬려는 의도를 가지지만 그것이 마음대로 되는 것은 아니다. 오히려 주위 사람들의 방해만 받을 뿐이다. 고통에 익숙한 자기 신체가 쉬고 싶다는 신호를 보낼 때는 마음의 여유가 생겼을 때다. 이것을 정확히 감지하는 느낌은 오직 그것을 겪은 시인의 능력이고 삶의 방법이다. 이 작품을 표제로 삼은 것은 고통의 느낌과 그 느낌으로 쉬어야 하는 반복의 삶을 강조하기 위해서다. 아무나 겪지 않은, 아무도 모르는 자신만의 삶을 뚜렷하게 그리고 떳떳하게 내세우는 가장 강력한 의사 표시다. 삶의 철학을 이해하고 삶의 해석하는 힘이 신체의 고난으로 이뤄졌다는 증명이다.

2. 행불만 그리는 한계에서 벗어나
   전부를 품어 이상세계 펼치기

 시인의 아름다운 예술성은 삶에서 피워낸 고난의 꽃에서 우러난다. 삶의 과정을 하나도 빼놓지 않고 펼치는 언어예술의 정점이다. 어떤 시인의 작품이 전체 행복한 것만을 표현한다면 그 작품을 좋다고 할 수가 있을까. 반대로 슬픔만을 표현한다면 좋다고 할 수 있을까. 삶은 고통만 있는 게 아니다. 또한 행복하기만 한 것도 아니다. 슬프기도 하고 행복하기도 하지만 때론 아무것도 없는 상태가 되게 한다. 늘 행복 사랑 성공을 원하지만, 성공과 실패는 한쪽으로 치우치게 된다. 그것이 공평하지 않다고 생각하지만, 누구의 잣대로 보느냐에 따라서 달라진다. 김인덕은 그것을 표현하고 중심을 잡아 만인의 정신을 하나로 묶는 시를 쓴다. 행불만 그리는 한계에서 벗어나 그것들을 전부 품어서 사람이 생각하는 이상세계를 꿈꾸게 하고 정신적인 안정을 주려는 목적을 가지며 그것은 화자를 떠나 독자에게 영향을 미친다. 삶의 모든 것은 본질적이면서도 무상하고 무엇도 예측할 수 없으며 돌이킬 수 없기 때문에 오직 시의 정신세계에서 자신의 삶을 밝혀내고 펼치는 것이다.

　　흔적에 가려져
　　흉터인지 몰랐던 얼룩도

그리움 하나 이기지 못해
살아도 살아있지 못했다

산다는 건
다 변덕스러운 날씨와 같아
뜬금없이 우울하다가
어느 날은 한없이 맑지

살 떨림에 보상되지 않는
기쁨과 욕심
빨래통에 담가 모두 씻어내고
바짝 말려 털어버리면
뽀송해진 내일이 기다릴 거야

언제 어디서 생긴 얼룩인지는
정말 몰라도 돼

산다는 건 다 처음이지

— 「다 처음이야」 전문

 두 번 사는 삶이라면 행불이 있을까. 어떻게 살아도 죽지 않고 다시 살 수 있는데 아등바등할 것 없다고 생각할 수 있지만 더욱 아비규환이 될 것이다. 오늘 못하면 내일이 아니라, '오늘 없는 걸 내일은 어떻게 구해'하며 더 다투고 내일의 삶이 보장되므로 오늘은 더욱 못된 짓을 할 것이 뻔하다. 모든 동물은 한 번으로 끝나지만 식물의 삶은 계속 이어지는 이유가 그런 다툼이 없기 때문이다. 누구나 한 번의 삶이기 때문에 종교가 생기고 철학의 고민이 생겨 사람은 사람답게 발전하는 것이 만고의 진리다. 시인은 이것을 뛰어넘는 철학적인 사유를 펼친다. 흉터에 가려져 상처인지 몰랐던 삶을 어느 날부터 새로운 삶의 시작이 되고 우울과 환희가 거듭되다가 일시에 변해 굳어버린 새로운 삶은 다시 기쁨과 슬픔을 알게 한다. 그것이 행복이라는 것을 느끼는 순간, 너무 과한 행운을 얻은 것이 아닌지 의문을 품지만, 그것이 삶의 진실임을 아는 순간 다시 일어설 수 있다는 희망을 보았다. 결국 시인이 얻은 철학은 산다는 것은 누구나 한 번이고 얼룩이 져도 희망을 잃지 않는다면 자기가 가질 만큼의 행복은 찾아온다는 것을 표현하였다. 상상의 이상향을 펼친 것이 아니라 체험으로 얻은 삶의 과정에서 진리를 알아낸 것이다.

잊혀야 하는 기억
주인조차 마음대로 할 수 없어
완전히 잊은 줄 알았는데
부재에 익숙하지 않아

털어 내 버릴 수 없는 두려움을
세월에 묶여 찐득찐득 굳게 해
어느 날 갑자기
빵 하고 터지는 거지

머리가 잊은 건 몸이

몸이 잊은 건 머리가 떠올리는
역류의 흐름을 멈출 수가 없어

터지는 순간
어딘지 모르게 날아갔다가
어느새 조여 오는 올가미

회로에 든 기억의 먼지
이제는 털어야지
한 몸이 될 수는 없으니까

- 「기억의 먼지」 전문

  사람의 기억은 한계가 있다. 개인의 차이가 분명하게 있어 어떤 사람은 기억으로 공부를 잘하여 출세가 빠르고 어떤 사람은 기억하지 못하여 좌절한다. 그러나 기억은 그것만이 아니다. 학문적인 것을 기억하지 못해도 어떤 한 분야에 기억력이 특출하여 그 방면에 우수한 성적을 보이는 사람은 흔하다. 이것은 뇌의 역할에 달린 기억이지만 사람의 기억은 하나가 더 있다. 바로 신체의 기억이다. 몸이 기억하는 것은 본능적인 것으로 어느 때든 그 장면에 다시 접어들면 몸이 움직인다. 이것을 체험적 기억, 곧 아픔의 기억이라고 한다. 시인은 아무나 겪지 못하는 아픔을 몸이 기억하고 있어 환경, 온도 그 장면의 재현에 민감하게 반응한다. 그것을 '기억의 먼지'라고 한다. 잊어버렸으면 좋겠으나 머리가 잊은 것을 몸이 기억하는 모순에 빠져서 주인인 정신이 잊어버린 것을 하인인 몸이 기억하여 아픔을 전달한다. 몸이 잊지 못하여 주인을 고통에 들게 하는 역현상의 발생, 이런 현상이 시인의 정신을 일깨우는 역할을 하지만 그것은 직접 겪는 시인은 괴롭다. 먼지처럼 털어내 버린다면 얼마나 좋을까. 순간순간마다 어디에서 터질 줄 모르는 올가미 같은 기억의 먼지들을 한 곳에 모아 태워버리려는 화자는 결코 한 몸이 될 수 없는 먼지들과의 다툼을 멈추고 싶어 몸과 마음이 하나가 되는 선인의 경지를 좇는다.

3. 삶을 일깨워 만인에게 의학적 역할을 하는 시 쓰기

김인덕의 시는 삶의 행불만 그리는 한계에서 벗어나 삶의 모든 것이 본질적이면서도 무상하고 예측할 수 없다. 아무것도 돌이킬 수 없기 때문에 오직 삶을 시의 정신세계에서 밝혀내고 펼친다. 원하지만 불행하게 하는 것을 마주할 때 그것의 의문을 해소하는 것은 시밖에 없음을 인지하고 자신만의 작품세계를 펼친다. 시는 곧 정신이고 시 속에 삶의 모든 것을 담을 수 있는 그릇이 있기 때문이다. 시는 사치도 아니고 전유물도 아니다. 행복을 예찬하지 않는다. 쓸모없다고 여겨지는 어떤 것도 사유하지 않는다. 오직 삶의 고통을 받는 사람에게 정신적인 진단과 소견을 제시하여 스스로 건강하다고 믿는 사람에게 깨닫게 하는 역할을 한다. 삶의 고통도 건강도 역시 삶이므로 그것을 일깨우는 역할은 시밖에 할 수가 없다는 것을 밝힌다. 이렇게 본다면 시인의 시는 의학적인 역할을 한다고 봐도 무방하다.

> 우리는 멈추지 말고
> 오늘을 살아가야 한다
>
> 산다는 것은
> 칼날 위에 서 있는 묘기
>
> 내리는 순간 베이고
> 뛰는 무게를 이기지 못한다
>
> 미래는 아직 오지 않았고
> 과거는 이미 지나 버렸다
>
> 현재라는 칼날 위에
> 서 있는 우리
> 중력을 벗어나지 못하고
>
> 그저 오늘을 살아가는
> 블랙홀의 생존자
>
> — 「생존자」 전문

'이기는 자가 승리'하는 게 아니라 '남는 자가 승리한다'는 말은 생존경쟁의 치열함은 어떻게 살아남든 생존해야 한다는 뜻이다. 승리한다는 건 자신의 힘으로 얻는 결과만이 아니다. 다른 사람과 협력하여 승리자의 맛을 보지만 이긴다는 집념의 결과보다는 우연히 이뤄지는 때가 많다. 전쟁에서도 자연의 힘과 주위 정세에 의하여 승리하는 것은 허다하고 역사가 증명한다. 그러나 개인의 삶은 철저하게 혼자 짊어져야 한다. 이기는 것과 지는 것의 결과를 떠나 시인의 삶이 철저하게 이뤄낸 역사다. 의학의 도움과 가족 친지의 힘을 빌렸다고 하지만 어디까지나 개인의 힘으로 다시 태어났다. 정글의 법칙과 인간애의 승리일 뿐만 아니라 사람이 가진 의지의 증명이다. 멈춘다면 죽음이고 산다는 것은 칼날 위에 선 위태로움 일지라도 미래는 아직 모르고 과거는 지나갔다. 무엇에 연연하지 않고 굳세게 사는 것만이 이기는 자이며 남는 자라는 것을 보여주는 작품이다. 지구와 달의 중력을 벗어날 수 없으며 나와 타인의 중력을 벗어날 수 없는 삶이 철저하게 경쟁의 틈에서 생존하려면 나를 알아야 가능하고 남는다는 것이 무엇을 뜻하는지를 알아야 하는데 시인의 결기는 그것을 정확하게 파악하고 삶의 자세를 제대로 세웠기 때문에 가능하다.

    어리고 여린 감정들이
    몇 번이나
    병마와 싸우는 나를
    흔들어 깨운 걸까

    분노의 주인이 될 수 없었던
    그림자 얼굴
    슬픔은 감춰도 보인다

무서운 일이 생길 때마다
나를 위해 울어 준 건
삶의 기회

울타리에 구멍 내듯
바위틈에 물 흐르듯
살아갈 수 있는 길 만들면 돼

뒤돌아보지 않는 구름이
비를 내리잖아
그렇게 사는 거야

- 「나에게」 전문

  가장 성공한 사람은 자신을 아는 사람이다. 남을 이해하고 살핀다고 해도 자신을 모른다면 쓸모가 없다. 사람은 사람일 뿐 신이 아니고 자연도 아니다. 그런 이유로 자신을 조정하지 못한다. 살아가며 자신에게 하는 다짐이 가장 크지만, 또한 가장 믿지 못하는 것은 정신이 갖춰야 할 믿음의 대상을 믿지 못해서다. 시인은 이점을 잘 안다. 자신을 믿는 결심이 굳어져서 어떤 고난도 두렵지 않다. 병마와의 싸움에서 이겼고 불현듯 닥치는 착란의 삶에서도 바로 섰다. 분노의 주인이 될 수 없어서 슬픔을 감추지 못했고 자신을 향한 믿음이 언제나 일으켜 세우는 힘이 되었다. 삶의 틈에서 찾아낸 생명의 계기를 놓치지 않고 잡아낸 것이다. 그 많은 고난에도 보이는 길을 외면하지 않은 자신을 향한 믿음, 이것이 김인덕의 삶이고 정신이다. 그래서 언제나 자신에게 묻는다. 강하냐고, 또다시 그런 일이 일어나도 견딜 수 있느냐고, 한번 잡은 기회는 이제 놓치지 않겠다는 결심이 우러나와 새로운 길을 만드는 힘이 되었고 이제는 비가 오든 눈이 내리던 무엇이든 이겨낼 힘이 생겼다. 잊지 않은 배려가 자신의 기둥을 세우고 독자의 삶에 용기를 준다.

    흙바람은
    언제나 등을 먼저 후벼 팠다
    돌아서지 못한 쪽이
    먼저 뜨거워졌다

    눈몽아리가 불덩이로 일어서는 날
    갈 곳 없이 뛰던 심장을
    잔등에 얹고 내달렸다

    누가 뒤에서 울었는지 모른 채
    씹어 넘기던 바람 속에서
    고통을 통째로 삼켰다
    혀끝 울음도 넘어가질 못했나

    불꽃이 아니라 칼날이었다
    내 등엔
    이름조차 남기지 않은 하루가
    핏자국처럼 말라붙었다

돌아본 적 없이
어깨너머로 흘러내린 삶을
등으로만 기억한다

누군가는 등을 밀었고
누군가는 등을 돌렸으며
나는 끝내 등으로 살아냈다
― 「잔등」 전문

시집 전체를 하나로 요약시키는 작품이다. 불현듯 찾아온 고난이 삶을 피폐시켰으나 그것을 딛고 일어선 후에도 요란하게 찾아오는 다른 수난의 시간을 한마디로 집약시킨 작품으로 그러한 과정을 온몸으로 나타내고 이겨낸 역경을 정신으로 풀어내었다. 등은 뒤를 말하지만, 뒤가 없다면 앞이 있을 수 없다는 것을 나타내는 삶의 실체다. 앞에서는 이 말하고 뒤에서는 다른 말을 하는 이중성을 말할 때도 '잔등을 조심하라'는 말로 쓰이지만 실제로 몸을 떠받치는 척추의 중심으로 이뤄진 뒤편의 신체, 삶에서는 그림자를 나타내며 이미 지나버린 과거가 되기도 한다. 김인덕 시인은 항상 뒤를 조심한다. 갑자기 닥친 사고도 뒤에서 왔고 병상에 누워서도 뒤를 조심해야 했다. 다시 살아낸 힘도 등이 주었으며 등의 힘으로 앞을 본다. 그런데 항상 뒤가 간지럽다. 한번 겪었던 것을 몸이 기억하여 등을 움츠리게 한다. 그런 상태에서는 누구든 울음을 삼키지만, 시인의 울음은 마른 채로 흘러 고통이 더 심했다. 한데 지금도 뒤에서 자신을 바라보는 가시 같은 눈초리를 피하려는 본능이 커졌다. 불꽃의 칼날로 엄습하려는 뒤의 그림자를 잔등은 알지만 앞을 향한 자신은 보지 못하므로 더욱 긴장한다. 그렇지만 그게 생명을 이루는 원동력이었다는 것을 알았다. 누군가는 등을 밀어내고 누군가는 등을 돌렸으나 자신은 등으로 살아냈기 때문에 얻어진 삶의 철학이다.

4. 삶을 실존적으로 고찰하고 참된 존재를 찾아가는 여정

김인덕 시인의 작품은 삶을 실존적으로 고찰하고 의식적으로 결단하는 참된 존재를 찾아가는 여정이다. 이것은 인간이 두려워하는 죽음을 향한 존재와 일상성을 대립시키려는 철학적인 사유에서 일어난다. 삶의 현재에서 불가피하게 생겨나는 모든 고난과 역경 그리고 가치의 존재를 찾아 일치시키려는 의도를 가지고 있다. 본래의 성찰을 이뤄가고 자기 존재의 특성을 향한 의지를 드러내려는 작업을 한다. 죽음 앞에서 결단을 내리는 존재이고 다른 사람의 죽음을 진지하게 수용하며 고통 앞에서 본래의 실존으로 설 수 있는 수행 과정이라 할 수 있다. 이러한 이해력이 지금 존재하는 것을 승명하고 햇불을 그리는 한계에서 벗어나 그것을 전부 품어 이상세계를 펼친다. 자신이 몸소 체험한 것을 기반으로 정신세계를 새롭게 개척한 것이다. 미래의 불안을 해소하고 현실적인 강박감을 달래주는 효과를 극대화하여 독자에게 진한 감동을 주는 역할을 충실히 이뤄냈다. 앞으로 문단에 우뚝 서기를 기대한다.

느낌표와 쉼표 사이

1판1쇄 : 2025년 8월 14일

지은이 : 김인덕
펴낸이 : 김정현
펴낸곳 : 도서출판 Gaon

주　소 : 유네스코문학창의도시 부천시 길주로 460, 1106호
전　화 : 032-342-7164
팩　스 : 032-344-7164
E-mail : 906kjh@naver.com

ⓒ 김인덕 Printed in Korea

출판등록 : 2011. 7. 14
ISBN : 979-11-7535-001-4 (03810)
값 · 12,000원

무단 전재와 복제를 금합니다.
도서출판 가온은 농인聾人과 함께합니다.
잘못된 책은 본사나 서점에서 교환해드립니다.